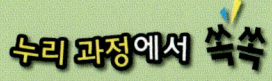

자연탐구   탐구과정 즐기기 – 탐구과정에서 서로 다른 생각에 관심을 가진다.
　　　　　자연과 더불어 살기 – 주변의 동식물에 관심을 가진다.

통합 여름2   1. 곤충과 식물 – 여름에 제맛이야, 반으로 잘랐더니
통합 가을2   1. 가을 체험 – 가을 열매
과학 4-1   2. 식물의 한살이 – 2. 식물의 자람, 3. 여러 가지 식물의 한살이

감수 및 추천 이명근 박사(미국 존스홉킨스 대학교 교수 역임, 현재 연세대학교 보건대학원 교수)

세계 곳곳의 재난지에 뛰어들어 어린이들은 물론 도움이 필요한 사람들을 구조하며 봉사의 삶을 사는 분입니다. 알아야 더 잘할 수 있다는 믿음으로 연세대학교 보건대학원에 '국제 재난 대응 전문가 과정'을 개설하여 많은 재난 구조 전문가를 양성하고 있습니다. 국제 NGO인 '머시코'(Mercy Corp.)와 UNDP(유엔경제개발계획)에서 활동하기도 했습니다. 지금은 재난 구호의 필요성을 알리고, 아시아와 아프리카의 개발을 위해 '코이카'(KOICA, 한국국제협력단)와 국제 개발 기관인 '글로벌 투게더' 등과 함께 봉사에 앞장서고 있습니다.

글 조한나

초등학교 시절 어느 겨울 방학, 콧등까지 이불을 덮고 부모님이 사 주신 전집을 한권 한권 읽으며 이야기에 빠져들기 시작했습니다. 그렇게 허클베리 핀의 모험을 따라, 키다리 아저씨 주디의 일기를 흉내 내며 어느덧 동화를 쓰는 작가가 되었습니다. 대학에서는 희곡을 공부하였고 오랫동안 방송 작가로 활동하였습니다. 현재는 출판사에 근무하고 있으며, 기획·편집을 하고 있습니다.

그림 마야 바그너

1973년 독일 프랑크푸르트에서 태어나 대학에서 일러스트레이션과 건축 설계 디자인을 공부했습니다.
1992년에서 1995년까지 독일 소에스트 지역에서 중세 건물을 복구하는 작업을 도왔으며, 건축 설계도 했습니다.
현재는 독일에서 일러스트레이터 및 작가로 활동하고 있으며, 독일 품펜하우스 극장에서 배우로도 일하고 있습니다.
연극과 춤에 관심이 많으며, 취미는 기타 치면서 노래 부르는 것이라고 합니다.

식물 | 과일과 채소
17. 과일이야, 채소야?

글 조한나 | **그림** 마야 바그너
펴낸곳 스마일 북스 | **펴낸이** 이행순 | **제작 상무** 장종남
대표 조주연 | **주소** 서울특별시 종로구 사직로8길 20, 103호
출판등록 제2013 - 000070호 **홈페이지** www.smilebooks.co.kr
전화번호 1588 - 3201 **팩스** (02)747 - 3108
기획·편집 조주연 김민정 김인숙 | **디자인** 김수정 정수하
사진 제공 및 대여 셔터스톡 연합뉴스 프리픽

이 책의 모든 글과 그림 등의 저작권은 스마일 북스에 있습니다.
본사의 허락 없이 이 책에 실린 내용의 일부 또는 전체를 어떤 형태로든지
변조하거나 무단 복제하는 것은 법으로 금지되어 있습니다.

⚠ 책을 집어던지면 다칠 수 있으니 조심하십시오. 잘못 만들어진 책은 바꾸어 드립니다.

과일이야, 채소야?

글 조한나 | 그림 마야 바그너

Smile Books

양 아저씨는 채소 가게를 해요.
그러던 어느 날,
돼지 아저씨가 채소 가게 옆에
과일 가게를 열었어요.

돼지 아저씨는 이른 아침부터 열심히 일했어요.
"아삭아삭 맛있는 사과 사세요!"
"탱글탱글 상큼한 귤 사세요!"
"속살이 말랑말랑한 복숭아 사세요!"
"맛있는 **과일**이 많습니다. 골라 보세요."

양 아저씨도 열심히 일했지요.
"사각사각 무 사세요!"
"속이 꽉 찬 배추 사세요!"
"달콤한 토마토 사세요!"
"신선한 **채소**가 많습니다."

그런데 양 아저씨 채소 가게에서
이상한 일이 벌어졌어요.
돼지 아저씨 과일 가게가 생긴 뒤로
토마토와 수박이 팔리지 않았어요.

과일 가게에서 왜 토마토와 수박을 파는 거예요?

알고 보니 돼지 아저씨가 과일 가게에서
토마토와 수박을 싸게 팔고 있었어요.
양 아저씨는 버럭 화를 냈지요.

싸우는 소리는 온 시장에 퍼졌어요.
"돼지랑 양이 싸워."
"왜?"
"글쎄, 과일 가게에서 채소를 팔았대."
지나가던 동물들이 하나둘 모여 수군거렸지요.

"저희 과일 가게에는 채소가 없어요.
정말이에요."
돼지 아저씨가 억울한 듯 큰 소리로 말했어요.

"저기 토마토와 수박이 있잖아요!
토마토와 수박은 채소라고요."
양 아저씨가 소리쳤어요.

"아니야, 토마토와 수박은 과일이야."
"무슨 소리! 토마토와 수박은 채소지."
구경하던 동물들도 웅성거리기 시작했어요.

"토마토와 수박이 왜 채소인지, 이유를 대세요."
돼지 아저씨가 답답한 듯 말했어요.
양 아저씨는 우물쭈물 아무 말도 못했어요.

양 아저씨는 책을 잔뜩 사서 집으로 돌아왔어요.
'토마토와 수박을 되찾아 올 거야.'
양 아저씨는 밤을 새워 공부했어요.
"아하! 이래서 토마토와 수박이 채소구나.
오호! 사과는 이래서 과일이었어."

다음 날, 양 아저씨는 동물들을 불러 모았어요.
"무슨 일이지?"
"어떻게 된 거야?"
동물들이 허둥지둥 달려왔어요.
"여러분, 제 말을 잘 들어 보세요."
양 아저씨가 외쳤어요.

1. 씨를 뿌리고

2. 나무가 자라서 가지를 뻗고

"과일은 나무에 주렁주렁 달리는 **열매**입니다.
새콤달콤한 맛이 나요.
사과, 배, 포도, 복숭아, 귤 등이
바로 **과일**이지요."

아, 그렇구나!

1. 씨를 뿌리고
2. 물을 주면
3. 점점 자라서

"채소는 밭에서 기릅니다.
우리는 채소의 **뿌리**나 **열매**, 또는
잎과 **줄기**를 먹지요.
토마토와 **수박**은 나무에서 자라지 않아요.
밭에서 자라요. 그러니 당연히 **채소**지요."

4. 무도 되고

5. 오이도 되고, 가지도 되고

6. 토마토도 되고

7. 수박도 되지요.

양 아저씨의 이야기가 끝났어요.
"맞아, 토마토와 수박은 나무에서 열리지 않잖아!"
"과일이 아니라 채소였어!"
동물들은 고개를 끄덕였어요.

"미안해요. 난 토마토와 수박이 과일처럼 생기고,
단맛이 나서 과일인 줄 알았어요.
이제부터는 팔지 않을게요."
돼지 아저씨는 진심으로 사과를 했답니다.

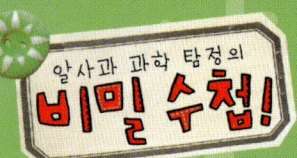

알록달록 아작아작 과일과 채소

잘 익은 과일과 싱싱한 채소는 우리에게 소중한 먹을거리예요.
과일과 채소는 맛도 다르지만 자라는 곳도 달라요.

🍊 과일이 무엇인가요?

과일은 **나무의 열매**예요. 나무에 핀 꽃이 지고 나서 열리는 열매가 과일이지요.
과일은 알록달록 색깔도 예쁘고 새콤달콤한 맛이 나요.

빨간 사과의 어린 열매는 녹색이지만, 익어 가면서 색깔이 빨개져요.

🍊 과일은 모두 씨앗을 갖고 있어요

사과

배

복숭아

오렌지

자두

채소가 무엇인가요?

채소는 **밭**에서 자라요. **야채**라고도 해요. 뿌리, 열매, 줄기, 잎을 먹는 것으로 종류가 나뉘어요. 색깔은 알록달록 다양하지만, 과일보다는 덜 달콤하지요.

> 수박과 가지도 익어 가면서 열매 색깔이 진해져요.

수박

가지

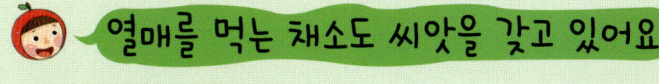
열매를 먹는 채소도 씨앗을 갖고 있어요

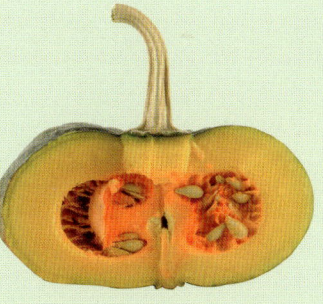

오이　　　　　　피망　　　　　　호박　　　　　　토마토

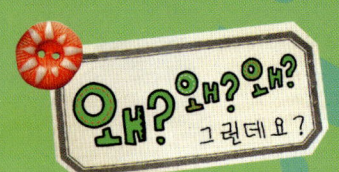 ## 과일과 채소에 대한 요런조런 호기심!

딸기는 과일인가요, 채소인가요?

딸기를 과일로 생각하는 사람이 많아. 모양이 과일과 비슷하고, 색깔도 예쁘고, 새콤달콤한 맛이 나기 때문이지. 그런데 딸기는 나무에서 열리는 게 아니라 밭에서 자라기 때문에 채소란다. 딸기는 봄에 꽃이 피고, 여름에 열매를 맺지. 우리가 그 열매를 먹는 거란다.

딸기는 밭에서 자라는 채소예요.

바나나는 왜 사과보다 껍질이 두꺼워요?

식물도 살기 위해서는 물이 필요하단다. 그런데 날씨가 더우면 과일 안에 있는 물이 공기 중으로 금방 날아가 버려. 그래서 바나나처럼 더운 곳에서 자라는 과일은 물을 빼앗기지 않으려고 두꺼운 껍질로 꽁꽁 감싸고 있는 거야. 반면, 사과나 배와 같이 비교적 추운 곳에서도 잘 자라는 과일은 물을 덜 뺏기기 때문에 껍질이 얇은 거란다.

바나나는 알맹이 안에 있는 물이 빠져나가지 않게 하려고 껍질이 두꺼워요.

과일과 채소를 많이 먹으면 정말 예뻐지나요?

예뻐지고말고. 과일과 채소는 음식이 소화되는 것을 돕고, 똥을 잘 누도록 도와준단다. 병균이 우리 몸속에서 힘을 쓰지 못하도록 막아 주는 영양소도 듬뿍 들어 있어. 피부를 좋게 해 주는 영양소도 아주 많이 들어 있지. 그래서 과일과 채소를 많이 먹으면 몸이 건강해진단다. 그렇게 되면 자연히 얼굴도 예뻐지겠지?

과일과 채소는 색깔에 따라 독특한 영양소가 들어 있어요.

고추는 왜 매워요?

고추에는 매운맛을 내는 '캡사이신'이라는 물질이 들어 있기 때문이야. 캡사이신은 고추 껍질에도 많은데 고추씨에 가장 많이 들어 있어. 몸에 들어간 캡사이신은 속을 뜨겁게 하고 소화를 돕는 역할을 한단다. 그런데 고추라고 해서 모두 맵지는 않아. 오이고추나 피망처럼 오히려 단맛이 나는 고추도 있단다.

초록색 고추는 햇빛을 받아 빨갛게 익어요.

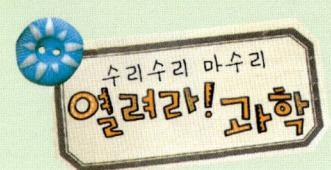

싱싱한 채소, 어디를 먹을까요?

채소마다 먹는 부분이 달라요. 무, 당근, 고구마는 **뿌리**를 먹어요. 시금치, 상추, 배추는 **잎**을 먹지요. 고추, 호박, 오이는 **열매**를 먹고, 감자는 **줄기**를 먹어요.

무는 땅속에서 자란 **뿌리**를 먹어요.

당근은 땅속에서 자란 **뿌리**를 먹어요.

고구마는 땅속에서 자란 **뿌리**를 먹어요.

감자는 땅속에서 자란 **줄기**를 먹어요.

오이는 줄기에 달린 **열매**를 먹어요.

배추는 땅 위에 난 **잎**을 먹어요.

어떤 게 과일? 어떤 게 채소?

엄마가 시장에 다녀오셨어요. 시장바구니 안에 과일과 채소가 가득 들어 있네요.
어떤 것이 과일이고, 어떤 것이 채소인지 나누어 보세요.

정답
과일 사과, 배, 복숭아, 귤, 사과, 포도
채소 배추, 토마토, 수박, 오이, 양파, 당근